人生百年時代を生き抜く心得

老いの人生を楽しむヒント

作家・社会教育家・講演会講師
宇佐美 覚了

老いの人生は楽しく幸せ
これまでの人生に感謝し
老いていても幸せに生き
充実した生き方を心がけ
盛春老人を満喫しながら
毎日三昧の生活をしたい

はじめに

長く思える人生も、ふりかえってみれば老いの人生を生きていま
す。限りなく支えられ守られて生きてきました。
高齢になるにつれ「老・病・死」が一日ごとに近づいていること
は事実です。私は万人がさけられない三大苦の苦悩と恐怖は縮小す
ることはあっても増大する自覚はありません。
逆に老いるにつれ、長く生きられている現実に感謝の心が強ま
り、生きる活力も大きくなっている自分がいます。若いころは青春
時代ですが、老いた今は盛春老人です。
老いても、やりたいことが多くあり、毎日の生活が喜びにみちて
います。
これからの老人生活は余生ではなく与生です。あまった人生では

なく、幸せにも与えられた与生です。一日の無駄もなく、可能な限り大切な毎日を感謝して生きぬきたい心境です。

心身の健康に留意して、老いの人生を楽しく充実させたいと念じています。

私が幼少の頃は「人生五十年」と耳にした記憶があります。私は現在八十六歳です。今や「人生百年」とも言われています。

子供の頃は病いの百貨店と思うくらい病気を体験し苦しみましたが、高校生時代から心身の健康に恵まれ、医者知らずになりました。老いた今も、やる気が充満し、仕事やボランティア活動を楽しんでいます。

私は老いの人生を楽しみ、まだやりぬきたい自己実現・社会貢献がしたいと思っています。

人生は死ぬまで、「現役生活」です。これからも生命あるかぎり、楽しく充実した生き方を心がけたいと念じている今日の一日です。

短命でこの世を去られた方がおられる中で長寿に恵まれたことに感謝し、「楽しい」「幸せだ」「喜びにみちている」「まだまだやらねばならぬことが多い」「毎日が盛春だ」といった感覚で生活したいものです。

たとえ体力は弱くなっても、生命あるかぎりは、バリバリの現役人生です。

老いの人生をしっかり楽しみ充実させたいものです。

最近は、ますます高齢化社会になっています。発想がゆたかで、考え方が健康で、生き方に活力がある高齢者を社会も求めています。

高齢者が心身ともに健康で、エネルギッシュであることを社会が望んでいます。

高齢化した現代社会で、これからの高齢者の生き方はどうあるべきかを考え、実践してみることを社会全体が求めています。

今、老いの人生を生きておられる方それぞれが、どう楽しく活力にみちて毎日をおくるべきか考え実行してみることは、重要なことです。

本書は、老いの人生をどう楽しく生きるべきかを追求しました。老いの人生の生き方の追求は、高齢者だけではなく、将来に高齢者になる現在の若い方にも重要なテーマです。

高齢化時代が進行しています。老いの人生をどう生きて、社会に貢献し、老人自身の幸せを実現する方策を考えることは社会の今日的な課題です。

本書が高齢者自身、さらに将来に高齢期をむかえられる多くの人たちに、ご参考になれば筆者として幸せです。

私の願いを受けいれて、出版の機会をあたえて下さった図書出版浪速社と、同社の杉田宗詞氏に心からお礼を申し上げたいと思っています。

合掌

※なお本書は高齢の皆さまの目の疲労を少なく、熟読していただきたく活字を大きくしました。

令和五年一月

宇佐美　覚了

■人生百年時代を生き抜く心得——目次

一章　老人の姿を二種に大別可能　31

二部　私自身の過去と現在の生きざま　81

一章　過去の私の生活実態　83

二章　老いた現在の私の生活内容　93

三章　まだまだ夢がある老いの生活　103

三部 老いて感じる大感謝の盛春 109

一部　老いの人生を楽しむ総括編

高齢期の人生は一生の総仕上げの時として、楽しく悔いなくすごしたいものです。そのための基本的な日常生活の心構えをまとめました。

序章　老いの生活を考える

1

長寿社会の到来に生きる

人生五十年と言われてきました。
近年は長寿者が多くなりました。
「人生百年時代」との話が現実化しています。
私たちの周辺を見わたしても、八十代、九十代の男女は珍しくなくなりました。

2 さけられない老・病・死

この世に生をうけたら老・病・死は避けられないことです。

高齢化した人は身近な切実な問題です。

健康に充分な留意は必要ですが、一方で泰然と日ごろからかまえておくことも大切だと思います。

3 高齢者の生き方は国民的大課題

高齢化時代をむかえています。
長寿は幸せなことです。
人生を楽しく充実させ、生きがいをもって
生活する老人が多いことは、国家としても国
民としても幸せなことです。
活力ある国家の姿です。

4 可能な限り楽しく生きたい

社会としても個人としても長く生きられることは、ありがたく幸せなことです。長寿に恵まれた幸せに感謝し、楽しく生き自己実現と社会貢献に向って積極的に前むきに毎日をおくりたいものです。

5

老いて生命があることに大感謝

病気、事故などで若くして命を失った人があるなかで、長く生きられる幸運に恵まれた人は幸せです。

私自身、幾度か大病で子供時代に死線を彷徨いました。

今こうして健康で楽しく生き幸せです。

6 毎日を一日一生と考えて楽しむ

老いたら毎日が「一日一生」と考えて生活するのは、とても大切なことです。一日を有効活用する策にもなります。

漫然と長年いきていても実質は、短命の中身になりかねません。

7

老いても社会の一員としての自覚

老いても人生の重要な時期です。社会にあって一人の人間として存在しています。

社会人としての役割は老いてもあります。

若い頃には発想しなかった、老いてこそ可能な、社会奉仕などがあります。

8

死を感謝と笑顔で受けいれる老人

いつか万人に死はやってきます。
百パーセント避けられない現実です。
いよいよ死に直面した時、合掌して感謝と
笑顔で「ありがとう」「幸せで楽しい人生
だった」と言える老人でありたい。

9

高齢期を楽しく爽やかに生きる

老いて、さらに強欲で気むつかしい老人でありたくない。

この老人の顔を見て、話し合いをすると、なんだか気分が爽快になるといった老人でありたい。

日常つねに楽しく爽やかでいたい。

10

老いたら極楽の入口にいる雰囲気

来世は「極楽にいる人」といった雰囲気をもっている人がいます。

死をむかえた時も大往生の顔つきで周辺の人たちが、自然に合掌して、このような老人になりたいと思える人になれれば幸せです。

一章　老人の姿を二種に大別可能

Ⓐ辛く悲しい老人の姿

1 気がつけば孤独でテレビが友人

公職をはなれて、家にいることが多くなると、友人や知人の数が急激に減少し孤独で寂しい生活になったとなげかれることがあります。唯一の仲間は自宅に鎮座するテレビとの声をよく聞きます。

2

老いてもなお悪事をたくらむ

欲望は人間の向上心を高めるために必要な面もあります。

しかし悪質な欲張りの強欲は人生を破滅させることがあります。

特に老いての悪事につながる欲望は、それまでの努力と成果をつぶします。

3

不平不満の連発で生気ない

年中、毎日、ぶつぶつと不平不満を連発している人がいます。

笑顔がなく他者批判と自己弁護のくりかえしです。

周囲の人にも、自分自身も楽しく幸せでなくなります。楽しく生きたいものです。

4

強欲にふりまわされて苦しむ

老いても地位・名声・財産を求め続けると、いつまでも満足とか充足感があじわえずに苦しむことになります。

生活を維持するために、財も必要ですが老いたら特別に財産があると重荷です。

5

感謝の心が弱く心の貧困の不幸

人間は例外なく誰でも毎日の生活で数多くの人達からお世話になって生きています。

この現実に感謝の心が弱いと、生涯にわたり幸せ感がわきおこってきません。

心の貧困は幸せ人生達成のさまたげです。

(B) 高齢を楽しむ老人の姿

1 趣味に熱中する

毎日の生活を楽しく豊かにする方法の一つとして良質な趣味をもつことです。賭け事を趣味にもつと生活崩壊につながります。精神性を高める趣味をもち、心の豊かさを向上させたいものです。

2

社会貢献活動を生きがいに

日頃お世話になっている社会や人達の幸せ向上のために何か自分が役だつ努力をしたいと考えます。

自分の幸せだけではなく利他の心をもって生きたいと考えます。

それがボランティア活動などです。

3 旅行や散歩などで与生を楽しむ

若いころから努力して仕事に集中して働き続けたり、家族の幸せ第一に考えて生きぬいてきた方がいます。

高齢になって、時間的な余裕ができた時期に旅行や散歩などで人生の一部を楽しむなどです。

4 研究や仕事を意欲的に継続

若いころから、時間をたっぷり使って研究や仕事をやりたいこともありえます。公的な職場の仕事から解放された定年後人生を「毎日が日曜日」にしないで、やりたかったことに集中したいものです。

5 社会の平安を念じて社寺参拝

人間は万人が無事でおだやかな生活を続けたいものです。

それでも事件・事故や天災にあうこともあります。

そこで自分も他者も無事で平安であることを念じて社寺参拝もしたいものです。

二章　楽しい老いの生活を実現する心得

1 「感謝」の生活

人間は「ギブ・アンド・テイク」の関係にあると一般的に言われます。

現実にはテイクが一方的に多いのです。他者に与えるよりも、はるかに他者から受けとる方が多いものです。感謝の生活です。

2

「大観」の生活

人生は全体をひろく見とおして判断し言動する必要があります。

一時的な感情、短絡的発想で判断し結果を急ぐと、取り返しがつかない大失態につながる危険があります。

3

「善行」の生活

人生の最終コーナーで生活している老いの人生です。

悪行をおかして人生のおわりをけがすことはたえられません。

どのように小さくとも、可能な限り善行をする心構えで生きたいものです。

4

「三昧」の生活

残り少ない人生の時間内に、やっておきたい内容の正しく美しい目標をもち、心を集中して取り組みたいものです。

三昧の生活を続けることによって、楽しく充実した老いの人生を体験します。

5

「精進」の生活

身を清め、おこないをつつしみ老いの日々を爽やかに楽しく生きたいものです。

そのために時間管理をしっかりしてリズミカルな生活をしたいものです。

毎日が日曜日の生活は楽しくありません。

6

「懺悔」の生活

過去の悪い行いに気付き悔い改める生活をしておかないと、いよいよ臨終の時に爽やかに他界できません。

すっきり、爽やかに笑顔で往生の旅立ちをしたいものです。

7

「知足」の生活

足るを知ると楽しい生活につながります。
願望や欲望に終わりはありません。
ある程度で満足することが、幸せをよび楽しい生活につながります。
食欲でも食べすぎると体調をこわします。

8

「笑顔」の生活

笑顔は本人だけでなく、周辺の人も楽しく幸せにします。

笑顔でやさしく話す人の周りには人々が自然と笑顔で集まります。

楽しい社会に生きる努力をして老いの人生を楽しみたいものです。

9

「祈願」の生活

他者や社会が平和で平安であってほしいと万人が望んでいます。

神仏に地球上の人たちが平和で平安に生きられること願って生活をお互いがしあえば、幸せの程度もかならず向上します。

10

「寂静」の生活

我欲、強欲にふりまわされないで、もの静かに、心が開放されて老いの人生を楽しみたいものです。

自分の人生に満足した、幸せで楽しかった心境で充満したいものです。

三章　心ゆたかに老いを生きる発想

1 奉仕する心を忘れない

利他の心は自分も他者も幸せにします。
自己中心の利己主義は自他ともに不幸のもとになります。
奉仕の心は幸せ社会をつくる基本で、老人も参加したいです。

2

足もとの今を大切にする

千里の道も一歩から、という言葉があります。

一歩ずつ着実に歩数をかさねて千里を歩きるわけです。

人生もまったく同じです。毎日の生活を大切に生きることによって人生全体がなりたちます。

3

小さくともやれることを楽しむ

長い人生をふりかえった時に、一応これで良かった、と納得できるようにしたいと願います。

そのためには、毎日の生活でやれることを楽しみながら小さなことを根気よく積み重ねることだと感じます。

4 両親や祖先の慈愛に合掌

親や祖先のいない人は誰もいません。私たちの心身に親や祖先の慈愛が日夜ながれています。

朝の起床時、夜の就寝時に両親、祖先の大いなる慈愛に深い感謝の合掌を毎日つづけたいものです。

5

心身の健康を大切にする

肉体の健康の維持は幸せで楽しい人生をおくるためにきわめて大切です。
同じことが心の健康にも考えられます。
肉体に栄養や運動が必要と同じように心にも栄養とトレーニングが必要になります。

6

笑顔と愛語の生活を習慣化

笑顔と愛語の生活を心がけて努力し続けていると、自分も他者も爽やかに心地よくなります。

毎日の生活も楽しくなります。

すると自然に笑顔と愛語の生活が習慣化して生きることが楽しくなる。

7

やりたいことに挑戦する

人生の最終コーナーを生きている老いの時間です。やりたいことに集中する楽しい時を満喫したいものです。

ただなんとなく、ぼんやりすごすのはもったいない。

長く生きられなかった方に申し訳ない。

8

辛い時も人生の一部と考える

長い人生を生きていると、辛いこともしばしば遭遇します。

大切な人と死に別かれることもあります。

全力で取り組んできたことも最後には失敗で終わることもありえます。

これも人生と納得します。

9

老・病・死を心配しすぎない

長寿時代に生きると思っても個人差はあります。

いずれは万人が死を迎えます。

老いも、病も当然あります。

老・病・死を心配しすぎないで、今を楽しく充実させて生きる努力をしたい。

10

自分の長所を伸ばす努力

人間は全て、長所と短所があります。
自分の短所を気にしすぎると、マイナス思考の人生になります。
長所を認め伸ばす努力を続けていると、毎日が楽しく明るくなります。
老いても長所を伸ばしましょう。

11

個性的な自分流の生き方を追求

何かに突出した才能を伸ばし成果をあげると人生が楽しくなります。

これまでの人生で、個性的で伸びた才能があれば、老いの与生をいかし、その才能の成果をさらに高める努力をすると楽しさが増します。

12

余生でなく与生と考える

老いの人生を余生と考えると、退屈で、マイナス思考になります。

与生と思うと、さらに人生が与えられたことになり、プラス人生の歩みで楽しいです。

13 我欲を縮小化して生きる

人間は例外なく万人が欲望をもって生きています。

欲望は成長の原動力でもありますが、我欲が強すぎると自分を見失い、他者迷惑にもなりかねません。

老いれば、我欲を極度に縮小化して、生きたい。

14

人生を楽しく生きる心がけ

利己主義は自分の利益や幸福を中心に考えて生きることです。
利他主義は他人の利益や幸福を考えて生きることです。
老いの人生を楽しく活力ある生きるために、利他主義をつよめて生きたい。

15

不運や不幸に寛容

長い人生の中では、予期せぬ不運や不幸に出会うことがあります。

後になって考えると、これらの不運や不幸が、人間としての生きる力をつけてくれたことに気づき、感謝することが多くあったことを発見しました。

16

体は老いても心は可能な限り若く

久しぶりに会った人から、若い顔つきで話しぶりと内容に若い発想があふれていると言われることがあります。

年齢は一年ごとに確実に老いていきます。心の年齢は、逆に若がえることも現実にあります。

17

自分の人生に自分花をさかす心

気負うことなく、着実に、前向きに人生をあゆみ続けていると、老いて振りむくと、自分流の人生花があちらこちらに咲いているものです。

人生の成果が結果として花ひらくのです。

18

クヨクヨしないでおだやかに

時に誰でもクヨクヨすることがあります。
しかし、クヨクヨしても良いことはありません。
前向きに心を入れ替えて、生き続けると毎日が楽しくなります。
老いてのクヨクヨは不幸を重ねます。

19

老いても学ぶ心を大切にする

老いたら毎日が日曜日、休日では心身の老化が進みます。

老いても学ぶ姿勢は老いの人生を楽しくします。心身の健康にも良い効果があります。

毎日の生活が楽しくなり充実感で幸せになります。

20

他者の長所に学ぶ素直な生き方

世の中には、数多くの長所をもった方がおられます。性格、特技、生き方などさまざまです。

長所をもった方に、憧れと尊敬の心が沸き起こります。

老いても一歩でも近づきたい生き方は大切です。

21

心が疲れたら寺院や神社に参拝

心が疲れたら、寺院や神社に参拝し、静かな境内で、心をしずめて深呼吸を続けていると、いつのまにか自然に精気が沸き起こってくるものです。

新鮮なエネルギーが心身に充満してくる気がします。

22

日常生活をリズミカルにおくる

一日は、万人に二十四時間あたえられています。

効率よく成果をあけるか否かの根本的な生き方の差は、日頃の生活がリズミカルに時間を使っているか否かの差異だと思います。

23

困ったら視点を変えて考える

若いころから、一度たてた計画も挑戦中に、とても達成できないと判断し、視点をかえて、新しい計画や目標をたて成果をあげてよかったと思った経験があります。

志望校などです。

老いても同じです。

24

名声・地位・財産にしばられない

若いころ知人・友人が成果をあげると、羨ましく思い、自分に自信をなくす傾向が誰にもありました。

しかし老いにつれ、他者の名声や地位などにしばられずに、自分なりの努力、成果を喜びたいものです。

25

時にはあきらめることも重要

あれもこれもと追求しないで、時と場合によっては、すっきりとあきらめることも重要と思います。

あきらめた部分にそそぐエネルギーを、今まさに追求しているところに注ぐと成果が期待できます。

26

しんどい人から黙って離れる

人間同士、誰にも相性があります。
付き合いきれない人がいます。
無理して歩調をあわせて付き合う必要はないと思います。
無理な人間関係は、双方とも楽しくありません。
黙って離れたいものです。

27 ホットする時間も確保

人生を楽しく時間を有効に使うために、緊張を続けていると心身の健康にも良くありません。

毎日、ホットする時間を確保しリラックスしたいものです。

趣味を楽しむ等、自分流に人生を楽しみたいものです。

28

時どき自画自賛してエネルギー向上

他者から褒められなくとも、時には自分で自分を褒める心の姿勢も大切に思います。

例えば、過去の仕事の内容と成果などを、自分で評価して褒めます。

やる気のエネルギーを自分流に高めます。

29

利他心を大切にする生き方

誰でも自分は大切なのは当然ですが、他人のことを顧みない心は、自分も幸せになりません。

他人の幸せも考えて生活していると、結局、自分もいつのまにか幸せな状況になっているものです。

30

老いても毎日が現役生活の心構え

定年になると公的な毎日の仕事から一応は解放された状態になります。

しかし老いの人生にもやりたいことは山積しています。趣味を楽しむ、ボランティア活動で社会奉仕などです。

老いても現役です。

二部　私自身の過去と現在の生きざま

老いてもピカピカの現役です。体力はおとろえていません。今までやれていなかったことが多くあります。社会奉仕活動をしたり、興味あることに集中する等あります。

一章　過去の私の生活実態

1 未熟児で心配されて誕生

未熟児でこの世に生をうけました。
医療の発達していない時代です。
この子は残念ながら長くは生きられないと、医師や家族は思ったようです。
その私が周辺の支援を受けて、長寿生活でありがたい。

2

病弱で義務教育時代に留年も

ありがたいことに、生命はありましたが義務教育時代も病弱で学校を休みがちで中学一年に留年もしました。

小・中の義務教育を学校で普通の子供のように受けられませんでした。

3

あきらめた医療に親は見捨てず看病

私が病気で寝ている部屋のとなり部屋で医師が親に、「医療の限界かもしれない」と伝えていました。

親は「医療の限界でも、親の子に対する愛は限界はない」と言っていました。

親の看病が強化しました。

4

念珠を手に病魔相手に日夜苦闘

明日の朝、目覚めて慈愛いっぱいの親にあえないかもしれないと思ったことも幾度かありました。

それでも目をさますと親の顔がありました。自然に生きていたと涙が流れ落ちていました。

5

健康になり恩がえしの願望

せっかくこの世に生を受けたからには健康体になって、親や社会に恩返しが出来るようになりたいと思いました。

私なりに真面目に生きて、親や社会に喜んでもらえるように心して生活をしました。

6

病床で読書して気力がます

病気で学校に行けない時は、病床で偉人伝などの読書をしました。

世界や日本には、立派な人が数多くおられることを知り、一歩でもそれらの方たちに近づく人生をおくりたいと考え、気力がましました。

7

両親から枕元で人の生き方を聞く

両親は愚直なくらい真っ直ぐ生きている人でした。
私も親を尊敬して、親のように生きたいと考えていました。
親は自分の良心に従って、あとで後悔のない人生を歩むと、爽やかだと言いました。

8

義務教育を充分に修了しなく終了

小中の義務教育時代はいずれも徒歩通学で片道だけで約一時間でした。
戦後で田舎生活です。バスや自家用車はありません。
さらに私は病弱でした。病気を重ね学校の授業をしっかり受けずに終了です。

9 ありがたい高校からは病気しらず

高校・大学時代は病気しらずでした。
特に大学生活は、授業料、生活費は自活しました。
大都会での自主自立でした。
深夜も働いて費用を稼ぎ、日中は真面目に大学の授業をうけ、四年間で卒業しました。

10 七十歳まで社会人として公的勤務

六十歳で定年を迎え、その後十年間は第二の職場で仕事をしました。

社会人になってから、七十歳までに印税出版の著書を三十冊ちかく書店に並べました。

現在は法務省の委嘱の社会奉仕活動を続けています。

二章　老いた現在の私の生活内容

1 朝夕に妻と両親・祖先に感謝の合掌

朝夕に仏壇の両親の写真、会ったこともない祖先に対して感謝の合掌を妻とならんで、欠かかさずします。仲よく、家族は平和ですと、毎日、手をあわせ報告します。

仏壇の中から笑顔がありそうです。

2

愛犬と夫婦そろってミニお遍路

仏壇前での合掌を終えると、愛犬と夫婦が近くの寺院まわりのミニお遍路をします。世界の平和、人々の平安を念じてのミニお遍路をします。

途中でゴミが落ちていると、ビニール袋に入れて持ち帰ります。

3

笑顔と愛語を心がけて日常生活

朝夕の通学時間に、小・中・高校生に会います。「おはよう」「おかえり」等と笑顔で声かけをします。なかには話しかけられることもあります。「社会から期待されているよ」と励ましもします。

「ありがとう」と笑顔の返事もあります。

4

運動をかねた散歩中ごみ拾い

健康のために体力のゆるすかぎり散歩をします。

ゴミ拾い等をして歩きます。すると、体にも心にも良いように思います。

時には老人同士が昔話で会話の花をさかせることもあります。

5

刑務所の民間ボランティア活動中

刑務所の受刑者の皆さまの社会復帰と更生のお手伝いの篤志面接委員の活動を続けています。

人生に関する講話をしています。年間四度発行の受刑者応募機関紙「あけぼの」の俳句から選考作品の講評を長年しました。

6 生活の時間配分を一定にする

起床と就寝時間、仏前での合掌、近くの寺院まわりのミニお遍路、入浴、三度の食事、昼寝、読書と執筆など、突然特別な仕事がはいらない限り、年中の時間配分は一定しています。

健康にも良好です。

7

老いても出版活動を続ける

一冊の本を出版するには、かなりの気力と体力がいります。

それでも心身の健康には良いのです。常に何か考えて生活しているからです。

老いると気力、体力だけではなく、脳力の低下防止が大切です。

8

読書をして気分と頭を活性化

読書をすると、執筆者の発想や努力、本の中に登場する感動的な生きざま等に感服し、刺激を受けます。

私が小・中時代に重なる病魔と闘った時に、生きる気力を得たのは、読書からの刺激でした。

9

心身の健康のため寝食に留意

肉体を休めるためには、しっかり睡眠をとることが重要です。

床についたら花園でリラックスすることをイメージしています。

飲食も良質なものを多種類で、少量を楽しみながら時間をかけて口にします。

10
世界の平和と人々の平安を念じる

同じ地球上に住む人間は、誰でも平和で平安な生活を願っています。
それでも常に戦争などがたえません。悲しく不幸な現実です。
平和で平安な人間の住む地球にしたいものと理想を夢みています。

三章　まだまだ夢がある老いの生活

1　読書と執筆を続けたい

若いころから読書が好きでした。世の中には多方面に才能を発揮している人物がいることを知ると刺激になります。自分の人生も楽しくなります。執筆すると脳が活性化し、老人の人生が向上します。

2 社会貢献をして役立ちたい

私はこれまで、日本に在住されている外国人の生活に役立つように日本語学習のお手伝いや、子供の養育の悩み相談などを無料でおこなってきました。

老いた今も刑務所での民間人のお手伝い中です。

3

人生を楽しみ笑顔で生きる

ありがたいことに長く生かさせてもらっています。

楽しく笑顔で生き、人生を楽しく、爽やかに生きたいと願っています。

他者の人生にも、爽やかさを提供するのに私が少しでも役立ちたい。

4

与生に感謝・感動した生活

若くして無念にも生きられなかった方もおられる中で、長く生きられていることに感謝し感動して毎日を楽しみたい。

幸せにも与えられた長い人生です。

余りもので退屈な人生ではありません。

5

満足し幸せな顔で合掌して他界

生きものは生があれば死はあります。
私も例外なく、死が待ち受けています。
いよいよ死を迎えたら、関係者や世の中に
向って「幸せだった。楽しかった。ありがと
う」と合掌して死にたい。

三部　老いて感じる大感謝の盛春

老いて感じることとは、大感謝の気持ちが心身に充満しています。

不平不満に思う想い出は浮かびません。家族・親・知人・世の中にありがとうの連発です。

1 受けた恩は計り知れない無限大

未熟児で誕生してこれまでの八十六年間をふりかえってみると、無限の恩を各方面から受け続けてきました。

慈愛いっぱいの恩を両親から、病弱な私を医師はじめ、社会の各方面から支えてもらいました。

私が誕生したとき、口には出さないが、この子供は長くは生きられないかもと思われたようです。

そのような状況の中で、義務教育時代に一年の留年はありましたが、いちおう大学卒業にこぎつけました。

社会人になってからも、未熟な私を支援していただき、今がある私です。

私が長く生き充実した人生をおくれるのは、無限の力がはたらいているおかげです。

2 苦の体験が生きる気力を増大

誕生時は未熟な体で、中学卒業まで、いく度か大病のつらい体験をして死線をさまよいました。

健康あってこその人生と思い知りました。そのために、健康維持と増進につとめました。目標をもち努力する体験をしました。

ありがたいことに高校時代から八十六歳の今まで病気しらずで人生を楽しみました。

さらに私の時代は戦中戦後で苦しい経済状況でした。

社会人になってからは、モーレツマン時代も体験したのです。

大学時代、自活して深夜に生活費と学費をかせぎました。

生きる力がつきました。

若いころの色々な苦の体験は、自分育てになりました。感謝しています。

3

自力ではなく他力の力に感謝

大学時代、花の大学生ではなく、苦学の代表のような学生時代でした。

大学のキャンパスにいたのは、授業を受けている時くらいでした。

授業は真面目に受けましたが、授業が終わると、逃げるようなスピードでキャンパスをはなれました。

市電の終車ちかくまで、アルバイトに夢中

でした。自分でかせがないと、学生生活が継続できなかったからです。
大学祭などを、学友たちと楽しんだ想い出はありません。
学友とサークル活動に夢中になったことはありません。
しかし他力の力で生きる現実を学習した。
苦労は人間育ての大いなる学習の場だと思いました。

4 老いても毎日が幸せな盛春

「セイ」の漢字には青と盛などがあります。

「青」には、青田・青虫・青海などがあります。

若々しい感じです。

従って「青春時代は若い年齢のころを意味します。

私は自分流の判断で、「私の老いの時期」は「盛春時代」とよんでいます。

すなわち「盛」は「盛況」「盛時」「盛運」の盛です。老いの時期は「盛春時代」です。長い人生の過去に、幾多の経験をつみかさねてきました。

老いの今は、過去の幾多の体験のうえに、人生の総轄期の年代です。

老いた今こそ、余りの人生ではなく幸せにも与えられた盛春でありたい。

老いても、生命ある限りは、バリバリの現役です。

5 老いの人生は四方八方に合掌

長く生きたいと願っても万人が希望どおりの長寿人生を楽しみ味わうことは出来ません。

長く生きられることは、実にありがたいことです。

私は子供のころ、野山を走りまわる楽しい体験ができませんでした。体が弱く学校さえ充分に通学できなかったからです。

家の中で静かに本を読んだりラジオを聞いていました。

その私が多く人の想像をこえて、現在は元気な状態で長寿生活を満喫できていることにたいして、私は四方八方に、「ありがとうございます」「盛春に感謝」と合掌です。

私の子供時代を知る知人は、若い顔つきや元気な様子をみて、「青年老人」と呼んでくれたりします。

6

父親の肩にまたがり祭り見物

三重県の北の端に多度大社があります。毎年五月に、地方では有名な、多度大社の「上げ馬神事」があります。

地元の村落から参加する馬にまたがった少年が、大社の境内の坂道のつきあたりの崖をかけあがる勇壮な神事です。

ＮＨＫはじめ民放でもこの神事が放送されます。

崖をかけあがった馬の数によってその年の豊作の程度を占うという神事です。多度の周辺に住む人たちの楽しみです。私は幼いころ父親の肩にまたがり、このあげ馬を見物したものです。高い位置からの祭りの見物は、私の子供時代の楽しみのひとつでした。父親の力強い肩の感触は、懐かしい想い出です。

7 下宿に帰る私を見送ってくれた母

大学生になって自活の下宿生活をはじめました。片田舎で見渡す限り一面が田畑です。大都会で学費と生活費を稼ぎ、大学での勉学生活は多忙でした。年に二回程度の帰宅でした。元気で生活をしていることを報告する顔見世の帰宅でした。

顔見世をしたら、とんぼ返りで下宿に引き返しました。近鉄電車の乗車駅まで徒歩で五十分はかかりました。

田畑の中の長い田舎道を歩く私の姿が見えなくなるまで見送ってくれました。

私が振り返ると母の姿がありました。

母の姿を見ると、多忙な学生生活が楽しくなりました。四年間で大学生活終え、社会人になり親を安心させると誓いました。

8

両親の食べものは貧弱なこと多い

私は戦中戦後の貧しい時代に子供時代をおくりました。

家族で食事する時に両親の副食は、子供達四人と比べて質と量が貧弱な事が多くありました。

特に珍しいものや高級なときは、その差が顕著でした。

私は、その差の理由が子供なりに理解して

いました。貧しさで食材が不足していること
と、子供に対する親の慈愛でした。
親は子供達に心の負担をかけないように
「大人は成長しているので栄養の過多は健康
に良くない」と独り言を言いました。
私は親の愛に報いたくなりました。
世の中が貧しい時代に成長期を過ごした私
は、親の慈愛も心の栄養にして育ったように
思います。

9

下宿の御家族のあたたかい処遇

大学に入学し、下宿生活を始めて少し落ちついた頃に、下宿の奥様より、質問を受けました。

「夜になっても部屋に電灯がついていないのはどうしてですか」との問いでした。心配そうな顔つきでした。

「深夜は帰ってきますが、大学生活をするための学費と生活費を得るために、授業終了後に働いています」と笑顔で即答しました。

その後、やさしく御夫婦の対応を受け励ましの言葉もいただきました。

感謝の大学時代の下宿生活でした。

大学時代に経済的な生活苦を体験したことが、社会人になって困難に打ち勝つ力がついたように思います。

10

妻の難病に驚きの手当の効果

妻が手足が動かなくなるという難病になりました。

二ヵ所の有名な国立病院で診察をうけましたが、完治は不可能のケース大と言われました。私はショックを受けました。

私は悩みました。知人の医師にも相談しましたが、同じ返事でした。

私は決心しました。

毎日かならず病院に行き、妻の体に私の両手をあて、心の念力の手当をすることにしました。

妻の体力に宿る無数のご先祖さまのご支援を呼びかけ続けました。

すると私も診察された医師も、それが完治につながり驚きました。

不思議でした。

世の中に不思議なことがあります。

11 犬も環境しだいで差異がでる

私は犬が大好きな子供でした。常に私は犬を飼育してきました。

今も柴犬の超老犬がいます。

犬は飼い主に似ると言われます。逆もまた真だとも思えます。

私は毎日、散歩を長年にわたり犬と続けてきました。

散歩中に、飼い主と散歩をしている犬たち

に出会います。やさしそうな飼い主の犬も、やさしそうです。

犬は長年月にわたり人間と共に生活してきましたので、犬も一部で人間化したように思えます。

犬も人間のように環境の中で生きます。

私は長年にわたり現場教師をしていました。子供の生き方も親とそっくりなことが多いものです。

12 子供のころの両親の子育て法

私の両親から一度も「勉強しなさい」とか「大学に行きなさい」といった内容の要求を耳にしたことはありません。

職業についての親の希望を聞いたこともありません。

私の親は読書好きで、本を枕元に置いているタイプの人でした。

人の生き方や向上心を燃やす刺激は読書か

ら得ていたようです。
私も田舎育ちですが生きる刺激は本から得ていました。
子育ては、育てられたようにすると言われます。
私は自分の子供達に、勉強しなさいと言わずに育ててあげました。
それでも、学習塾に一日も行かずに大学院を修了して社会人になりました。

13 あせらず今日の一日に集中

「千里の道も一歩から」の言葉がありま す。私は高校や大学の受験に対して、自信なく不安をもちました。

その理由の最大な原因は、小・中の義務教育を充分に完了していなく、基礎学力の不足を痛感していたからです。

大病を繰り返し留年もした体験から、高校・大学受験の合格に不安でした。

しかし、あせってみてもはじまらないと覚悟し、毎日の一日を大切にして受験に挑戦しました。

結果は希望どおりに合格し社会人になりました。

心配せずに挑戦の重要さを知りました。

悩んでいるだけでは解決しないので、なにごとも挑戦の心掛けの大切さを知りました。

14 関心や興味あることに集中

私は子供のころ野球大好き少年でした。プロ野球選手になって大金を稼ぎ生活できればという淡い願望を一時いだきました。深く考えなくても、私には完全に不可能な望みでした。

私は成長して社会生活をするにあたって何で生計を立てるか考えました。

そこで、英語と読書に関心があり興味があ

ることに気づいたのです。次に、英語力を高め、読書量を増やしました。

結果として、県下でトップ水準の進学高校の英語教師と作家になりました。

英語能力で大学時代の自活生活をやりとげ、社会人としての仕事をやりました。そして著書の全国出版を重ねました。

15

正道を愚直に生きる決意

私の両親は正直一途に生きるタイプの人でした。

私は子供のころ、自分の親は少し要領が悪い生き方なのではと思ったこともあります。もう少し上手く振る舞ったほうが良いのではとも考えたことがありました。

しかし、私は成長するにつれて、難関大学出身者や各界の著名人が我欲の奴隷になり地位を失い、悪人のレッテルをはられるケースを見ました。

まじめに、生き続けることは自分の人生を楽しく充実させる最上の生き方だと理解できました。親に感謝しています。

愚直なまでに正道を生きることは、人生を楽しく幸せにする最上の生き方だと体感しています。

16

他者の幸せは自分の幸せ

幸せな結婚をして、親の支援もあり笑顔だった夫婦が、いつのまにか喧嘩別れの離婚といった実例が多くあります。

人間は、例外なく全ての人が自分は幸せでありたいと願っています。

自分が幸せでありたいと同じように、全員が幸せの願望をもっています。

万人の願いを実現するために、相手の人間

を幸せにといった心遣いが、必要だと思います。

夫婦間においても、夫は妻を幸せにする、逆に妻は夫を幸せにという互いのあたたかい配慮が大切だと思います。

夫婦円満のコツのようです。

家族の幸せは自分の幸せであり、社会の幸せは自分の幸せにもなります。

17 無理をせずに気長に自分育て

私は子供のころから他者と競争をして勝負に勝つことに喜びを感じるタイプではありませんでした。

友人が運動会の徒競走でトップでテープを切ったり、知人が有名大学に合格したり、周りに資産家の人がいても、特別に羨ましいと感じませんでした。

自分は自分なりのペースで自分育てに集中

し、少しでも過去の自分より、向上のあとがあれば喜んでいるタイプでした。

夢がないとか、向上心が不足にも思えますが、私にとっては息切れがしません。

結果として成長の喜びを実感できました。

他者から賞賛されなくても、自己の努力や成果を自分から賞賛することも自分育てに役立ちます。

18 幸せは心の中で発芽させる

周辺の人から見て、幸せな人生を歩んでいるようでも、本人が幸せを実感していないケースがあります。

幸せの基準や内容も個人差がかなりあるように思えます。

私の場合ですと、地位・名声・裕福などが主要な条件ではありません。

私は健康・平安で、自分育てに集中して、

それなりに成果をあげれば幸せ人生です。
地道に自分なりの幸せ人生を追求したいのです。
大金を得ても、かならず幸せにはなれないと思います。
お金に振り回される人生でありたくないのです。
苦労に挑戦し、少しでも乗り越え成果があれば、幸せなことです。
幸せの機会はいつも日常にあります。

19

私の心身にあふれる慈愛が充満

私は夜に床につく前に、仏間で正座し合掌しながら、「今日も一日ありがとうございました」と、今はこの世にいない両親・祖父母や顔を見たことのない無数のご先祖の方に、お礼の挨拶をします。

その後、花園にいる自分をイメージしてベッドに入ります。

熟睡中に顔も名前も知らない先祖の方の励

ましを受けている夢を見ることもあります。
起床したら仏間で「今日一日がんばります。よろしくお願いします」と合掌です。
私の心身には数多くの人たちの慈愛が充満しているようで、私は幸せです。
親や先祖の慈愛が、日夜たえまなく全身に流れています。幸せなことです。

20 人生は生涯いつも感謝の旅路

若いころ健康に恵まれなかった私は、長くは生きられない可能性があると、感じていました。

生命ある間に、出来うる限り充実して生きたいという覚悟をしていました。

しかし現実は令和五年の今、私は八十六歳です。

長年お世話になった社会に、ほんの少しで

も恩返しの真似事ですが、各種のボランティア活動をしたいのです。

篤志面接委員などを喜んでさせてもらっています。

九十歳になっても百歳になっても全国に私は新しい出版を続けたいのです。

心身の健康を維持し、自分のため世のためになる執筆・出版を続けたいものです。

おわりに

人生には苦楽があります。人生を深くあじわう道すじは、「苦」が先行するように思います。苦を体験することによって真の「楽」も体験できそうに思います。

私自身の体験は、病苦や貧苦は若いころに体験しました。死線をさまよいつつ哲学・宗教などをとおして人生をどう生きるかについて子供心なりに真剣に追い求めました。

結果、人生を歩むうえで、できるだけ利他を大切にし、真面目に、悪の道にまよいこまないように、根気よく生きぬこうときめました。その結果、さわやかに気持ちよく人の道をあゆみ、老いた今も心の幸せがあります。

老いた今、悪にまよいこみ苦しんでおられる刑務所の受刑者の皆さんに、さわやかな花の人生街道で、幸せ人生旅をしていただく民間人のお手伝いをさせてもらっています。

私の年代の人間、特に田舎うまれの人は、学校は中卒までが大半でした。大学まで行く人は百人に一人くらいでした。私は高校三年生の時に、親に「大学へ行く許可」を願いでて、都会の大学生として下宿生活を始めました。四年間、生活費と学費かせぎに走りまわりました。留年なくして四年間で卒業し、東証一部の会社に入社しました。

この四年間で大人として、社会人として生きぬく基本を学びました。花の大学生ではなく、苦学生の先頭位置を走りゴールしました。この四年間で大人として社会人としての生きる力が育ちました。ありがたいことでした。

老いた現在、若い頃の、病苦、貧苦の体験が、その後の私の人生を幸せにみちびいてもらう土台になりました。

私は苦が私の人生旅で先行してよかったと感謝して、老いの幸せ人生旅を楽しんでいます。

私は現在、人生の最終街道を楽しく風景をあじわいながら歩いています。

私の体力、資力などにあわせて、社会奉仕活動、神社仏閣まわりの小遍路、家族や隣人などと平和な生活をあじわっています。私の日常の人生街道は幸せ花がさきほこっています。感謝・感謝の老いの生活です。

合掌

宇佐美　覚了

■著者プロフィール

●宇佐美　覚了（うさみ　かくりょう）

1937年に三重県に生まれる。南山大学文学部（現・外国語学部）英文学科卒業。大学卒業後の海外貿易業務に従事中、日本の将来にとって人材育成の重要性を痛感し、教育免許証を取得し高校英語教師になる。この間、奈良の内観研修所や、三重の仏教寺院で、人生どう生きるかについて修行をくりかえす。高校、大学時代はキリスト教を学んでいた。これまでに、東京・大阪・名古屋の出版社から三十数冊の本を書店に並べる出版をした。九十歳を超えても執筆・出版を続ける意欲を燃やす。

●社会奉仕活動

・無料による電話教育相談と電話幸福実現相談。
・刑務所の受刑者の社会復帰と更生のお手伝いとして法務省の篤志

面接委員などの社会奉仕活動をしている。
・三重県に在住されている外国人の皆さんの日本語習得のお手伝い。
・その他、各種の社会奉仕活動など。

●学位・賞

・名誉教育学博士
・社会文化功労賞
・法務大臣などの賞を受ける。

●著書

『子育ては心育てから』（KTC中央出版）
『あなたのライフワークの見つけ方』（明日香出版社）
『大逆転の受験術』（海越出版）
『子供が伸びる父親のこの一言』（総合ライフ出版）

『誰がこどもの将来に責任をとるのか』（現代書林）
『子供の頭を良くする母親の家庭内教育法』（産心社）
『定年！　第二青春時代』（彩雲出版）
『おしえて！　電話先生!!』（クリタ舎）
『今日も！　幸せありがとう』（浪速社）
『老いても人生花ざかり』（浪速社）　※電子書籍版も発売中。
『老いの生き方楽しみ方48話』（浪速社）
『定年後の活かし方楽しみ方』（浪速社）
他多数

●仏法による幸せな生き方の指導を受けられる仏教寺院　妙蓮院　専光坊の連絡先

〒511-0115
三重県桑名市多度町南之郷三八三
電　話：0594-48-2178

●講演やセミナーの講師の依頼先

〒514-0041
三重県津市八町二丁目三番二三号
宇佐美 覚了（うさみ かくりょう）
電　話：059-227-0803

人生《じんせい》百年時代《ひゃくねんじだい》を生《い》き抜《ぬ》く心得《こころえ》
――老《お》いの人生《じんせい》を楽《たの》しむヒント――

■発行日
二〇二三年二月二十日　初版第一刷発行

■著　者
宇佐美　覚了

■発行者
杉田宗詞

■発行所
図書出版　浪速社
〒六三七-〇〇〇六
奈良県五條市岡口一丁目九番五十八号
電　話〇九〇（五六四三）八九四〇
FAX〇七四七（二三）〇六二一

■印刷・製本
亜細亜印刷㈱

Printed in japan　ISBN978-4-88854-554-9